© 2024 Juliana López Marulanda. Tous droits réservés.

Publié par : Voces del Mar Éditions.

Première édition : Octobre 2024.

Ce livre ne peut être reproduit en tout ou en partie, ni enregistré dans, ni transmis par un système de récupération d'informations, sous quelque forme ou par quelque moyen que ce soit, qu'il soit mécanique, photocopie, électronique, magnétique, électro-optique, par photocopie, ou autre, sans l'autorisation écrite préalable des détenteurs du droit d'auteur.

ISBN : 978-628-01-5311-7

Éditeurs : Balthazar Maille et Juliana Lopez Marulanda

Illustrations par : IA (Midjourney & Canva)
Sons de la faune : Juliana López Marulanda
Sons de la pollution : PHySIC (Fundación Macuáticos Colombia)

LE VOYAGE D'ÉCO, LE DAUPHIN CURIEUX

Aux enfants du monde...

Sur certaines pages de ce livre, juste en dessous du titre, tu trouveras un code QR comme celui-ci. Place la caméra d'un smartphone au-dessus du code QR pour écouter certains sons de la mer enregistrés par l'auteure de ce livre.

1. Une journée dans l océan

Éco nageait joyeusement à côté de sa mère, profitant de la chaleur du soleil et du doux va-et-vient des vagues. « Maman, quels sont ces sons que j'entends toujours sous l'eau ? » demanda Éco, curieux. Sa mère sourit et répondit : « Ce sont les chants des baleines, les clics des dauphins et bien d autres sons que nous utilisons pour communiquer. Sais-tu que les femelles dauphins, comme ta grand-mère, sont très spéciales ? Elles prennent soin des petits et nous apprennent beaucoup de choses importantes. C'est pourquoi c'est une excellente idée de rendre visite à ta grand-mère. Elle connaît tout sur les sons de l'océan et pourra te raconter plein d histoires. »

2. Rencontre avec Grand-mère

Éco se dirigea vers la grotte où vivait sa grand-mère, une dauphine sage avec de nombreuses histoires à raconter. «Mamie, je veux en savoir plus sur les sons que j'entends sous l'eau», dit Éco avec enthousiasme. La grand-mère répondit : « Bien sûr, Éco. L'océan est plein de sons fascinants. Chaque créature a sa propre façon de communiquer. Aujourd'hui, je vais te présenter certaines d'entre elles. »

3. Les dauphins et leur signature sifflée

Éco nageait près d'un groupe de jeunes dauphins.

« Bonjour Éco », dit l'un d'eux avec une signature sifflée distincte. « Comment connais-tu mon nom ? » demanda Éco. « Nous, les dauphins, avons nos propres signatures sifflées qui fonctionnent comme des prénoms. Chacun de nous a une signature sifflée unique qui nous identifie », expliqua le jeune dauphin.

La grand-mère d'Éco ajouta : « Les signatures sifflées sont appelées ainsi car elles fonctionnent comme le prénom de chacun. Essaie de répéter ta propre signature sifflée et les autres sauront où tu es et pourront te retrouver. »

Éco s'entraîna à reproduire sa propre signature sifflée, se sentant plus connecté à ses amis et à sa famille. « C'est incroyable de voir comment nous pouvons rester ensemble et nous coordonner simplement en utilisant nos signatures sifflées », pensa Éco tout en nageant joyeusement.

4. Les chants des baleines

La grand-mère emmena Éco dans une zone où les baleines à bosse nageaient majestueusement. « Écoute attentivement, Éco », dit la grand-mère. Éco fut émerveillé en entendant les longues et mélodieuses chansons d'une baleine à bosse. « Pourquoi chantes-tu si fort ? » demanda Éco, intrigué.

La baleine sourit et répondit : « Nos chansons peuvent durer plus de 20 heures et voyager sur des milliers de kilomètres sous l'eau. C'est ainsi que nous restons en contact avec nos familles, peu importe la distance. »

5. Les crevettes mangeuses

Plus tard, Éco et sa grand-mère rencontrèrent un groupe de crevettes au fond de la mer. « Regarde ces crevettes, Éco », dit la grand-mère. « Savais-tu qu'elles font du bruit en mangeant ? Veux-tu écouter ? » Éco hocha la tête avec enthousiasme.

La grand-mère expliqua : « Quand les crevettes se nourrissent, elles produisent de petits craquements en bougeant leurs pinces et leurs corps contre le fond. »

Éco s'approcha et écouta attentivement les doux crépitements. « Waouh ! Je peux entendre comment elles mangent ! » s'exclama-t-il. La grand-mère sourit et ajouta : « Oui, c'est fascinant de voir comment elles font du bruit simplement en mangeant. »

6. Le cachalot et l'echolocalisation

En voyageant dans des eaux plus profondes, Éco et sa grand-mère rencontrèrent un cachalot.
« Bonjour, petit dauphin », dit le cachalot. « J'utilise l'écholocalisation pour m'orienter et chasser. »
« L'écholocalisation ? Qu'est-ce que c'est ? », demanda Éco.
« Nous émettons des clics qui rebondissent sur les objets. C'est comme voir avec les oreilles », expliqua le cachalot.
Éco essaya de faire des clics et, après plusieurs tentatives, réussit à se repérer. « Je l'ai fait, mamie ! Je peux m'orienter avec des clics ! »
« Bien joué, Éco ! », dit la grand-mère, fière de ses progrès.

7. Le bruit qui déroute

Eco et sa grand-mère nageaient près d'une zone avec beaucoup de bateaux. Soudain, le bruit était si fort qu'Eco s'est désorienté et a perdu de vue sa grand-mère.

« Mamie ! Où est-tu ? » cria-t-il, effrayé.

En se souvenant de ce qu'il avait appris du cachalot, Eco a émis des clics pour se repérer. Ses clics ont rebondi sur les rochers proches, mais il n'avait toujours pas retrouvé sa famille.

Alors, il a utilisé le sifflement distinctif que sa grand-mère lui avait appris. Il a entendu la réponse de sa mère au loin.

« J'y suis arrivé ! Je peux les retrouver ! » s'exclama Eco en nageant vers sa famille.

Sa grand-mère sourit, satisfaite de ce qu'Eco avait appris.

8. Le retour à la maison

Éco et sa mère furent réunis grâce aux sons qu'il avait appris à reconnaître et à utiliser. « Je suis très fière de toi, Éco », dit sa mère. « Tu es maintenant un jeune leader prêt à enseigner à d'autres dauphins ce que tu as appris. »

9.Informations supplémentaires et activités

Dauphins et Signature Sifflée

Communication Individualisée : Les dauphins utilisent des signatures sifflées pour s'identifier et s'appeler entre eux, fonctionnant comme une sorte de prénom.

Rencontre et Coordination : Ces signatures sifflées permettent aux dauphins de se retrouver et de se coordonner dans l'immensité de l'océan, aidant à maintenir la cohésion du groupe et à organiser leurs activités.

Baleines à Bosse

Comportement Social : Les mâles utilisent leurs chants pour communiquer avec d'autres baleines, en particulier pendant la saison des amours.

Chants Longs : Les mâles des baleines à bosse sont connus pour leurs chants longs et complexes qui peuvent durer plus de 20 heures. Ces sons peuvent parcourir de longues distances sous l'eau.

Crevettes qui croquent

Bruits lors de l'alimentation : Les crevettes produisent des sons lorsqu'elles se nourrissent, en bougeant leurs pinces et leurs corps sur le fond marin.

Cachalots et Écholocalisation

« Voir avec les oreilles » : Les cachalots se nourrissent dans les profondeurs de l'océan et utilisent l'écholocalisation pour « voir » dans l'obscurité. Ils émettent des clics qui rebondissent sur les objets, ce qui leur permet de s'orienter et de trouver de la nourriture, comme les calamars géants. Ils peuvent plonger jusqu'à 2800 mètres de profondeur et utilisent également ces clics pour communiquer entre eux !

Pollution Sonore

La pollution sonore : C'est le bruit excessif généré par les bateaux, les sonars et d'autres activités humaines dans l'océan. Ce bruit affecte les animaux marins, comme les baleines et les dauphins, en interférant avec leur capacité à communiquer, à s'orienter et à chasser. Une exposition prolongée peut les désorienter ou perturber leurs comportements naturels. Pour réduire son impact, il est essentiel de réglementer l'utilisation des sonars et de développer des technologies de navigation plus silencieuses.

Petites Expériences Sonores
(à réaliser avec l'aide d'un adulte).

Créer un Hydrophone Maison :

Matériel : Un microphone, un sac plastique refermable et du ruban adhésif étanche.

Instructions : Place le microphone dans le sac plastique et ferme-le bien avec le ruban adhésif. Plonge le sac dans un récipient d'eau, un étang ou une piscine et connecte le microphone à un appareil d'enregistrement. Essaye d'enregistrer les sons sous l'eau et compare-les aux sons dans l'air.

Créer une Signature Sifflée :

Matériel : Un enregistreur vocal ou un téléphone avec une application d'enregistrement.

Instructions : Chaque enfant crée sa propre signature sifflée, l'enregistre et s'entraîne. Ensuite, ils peuvent l'utiliser pour jouer à s'appeler d'une partie à l'autre de la maison ou du jardin, en simulant comment les dauphins se retrouvent dans l'océan.

Voces del Mar est une maison d'édition dédiée à la publication de livres qui encouragent la prise de conscience environnementale et le respect de la biodiversité marine.

www.ingramcontent.com/pod-product-compliance
Lightning Source LLC
LaVergne TN
LVHW070453080526
838202LV00035B/2819